# 깨진마음

글/최영환

**거절감 • 깨진 마음**

지은이 : 최영환
펴낸곳 : 선한교육
인  쇄 : 2018. 11. 30
발  행 : 2018. 12. 03
발행처 : 도서출판 벧엘
등  록 : 1989. 8. 19. 제1989-6호

ISBN 978-89-7823-019-3  값 9,000원

# 서문

우리는 우리가 원하지 않은 상처와 아픔으로 고통스러워한다.

친구들 앞에서 우리의 겉모습은 웃고 있지만 웃음의 가면 뒤에 숨겨진 우리는 울고 있다.

끝없는 터널을 지나가는 것과 같이 앞이 보이지 않는 미래는 삶에 대한 무거운 짐과 공포로 다가온다.

이러한 고통 속에 내 몰린 우리의 청소년(청년)들은 삶을 포기하기에 이른다.

나 또한 십대의 삶을 무덤의 관 속에 들어가 있는 듯한 시간을 보냈다. 그래서 아파하고 울고 있는 청소년들의 마음을 보듬어 줄 수 있고 그들의 눈물을 이해할 수가 있다.

이 책은 자신의 의지로 선택하지 않은 상처와 고통으로 울고 있는 청소년(청년)들을 보듬어 주고 안아주고 눈물을 닦아 주기 위해서 쓰게 되었다.

오늘도 상처와 고통이라는 감옥에 갇혀 혼자서 눈물을 흘리고 있을 친구들을 위해 기도한다. 그들이 빨리 마음의 감옥에서 자유케 되어지길 위해서...

2018년 11월 30일

최 영 환 목사

# 추천사

오늘 이 시간에도 자기의 무거운 삶 때문에 가슴 아파하는 청소년들이 너무도 많습니다. 부모님 때문에, 형제 자매 때문에, 선생님 때문에, 친구 때문에, 돈 때문에, 성적 때문에, 이성 때문에 오늘도 상처로 얼룩진 청소년들이 울고 있습니다. 그런 청소년들에게 이 책은 참 많은 위로를 줄 것입니다. 눈물나게 처절한 청소년 시기를 보낸 저자의 삶을 통해서 하나님께서 상처받은 한 영혼을 어떻게 빚어 가시는지를 볼 수 있습니다. 지금도 고통당하는 청소년들이 이 책을 읽고 상처가 되살아나 책을 집어 던지기도하고 동질감에 위로도 받으며 희망의 노래를 함께 부르는 모습을 보고 싶습니다

울산 행복한교회 담임목사
현대자동차 기독신우회 지도목사
선교통일 한국협의회 공동대표
사단법인 선한교육 지도목사

강 보 형 목사

# 추천사

심령이 가난한 자는 복이 있나니 천국이 그들의 것임이요(마5:3)

1997년 IMF사태 이후 우리 사회는 빈부의 격차가 급속하게 벌어지기 시작했고 저소득층, 극빈층이 늘어갔다. 당연히 깨어진 가정이 속출하고 젊은 세대의 결혼과 출산 비율은 해마다 떨어지고 있다.

교사라면 누구나 동의할 말, "문제 아이는 없고 오직 문제 부모가 있을 뿐"이다. 요즘 교사들이 가장 힘들어 하는 것은 수업도 아니고 소위 잡무라고 하는 학교 업무도 아니다. 학생 생활지도이다. 삶이 고통이고 고단한 부모 밑에 사는 어린이와 청소년들은 부모의 고통을 온몸으로 느끼며 살아간다. 그렇게 고통 속에 살아가는 아이들이 학교에 오면 그대로 교사에게 전이되고 그 교사들은 아파하는 아이들과 하루 종일 부대끼며 살기에 온 학교와 사회가 이렇게 마음이 깨어진 아이들과 씨름하며 살아간다.

물론 경제상황이 지금보다 좋아지고 정부의 일자리정책이 잘 되어 젊은이들에게 좋은 직장이 많아져야 한다. 출산율도 높아져 미래를 책임질 다음세대들이 늘어나야 한다. 그런데 우리는 1970년대와 1980년대와 같은 경제호황기에 얼마나 잘 살았던가? 지금 우리가 심각하다고 생각하는 사회와 학교 문제가 당시에는 없었을까?

직장을 얻고 집을 사고 경제 상황이 호전되어야 잘 살 수 있는 것은 아니다. 사실 멀쩡한 듯해도 깨진 채로 살아가는 사람들이 우리 주변에 얼마나 많은가? 안타까운 것은 자신이 금가고 부서진 모습으로 살아가고 있음조차 모르며 사는 것이다. 정말 안타까운 것은 우리가 잘 살 수 있는 길이 오직 하나님을 만나는 것임을 인정하지 않고 살기 때문이다.

우리는 자신의 연약함, 깨짐을 알아차려야 그 다음 페이지를 넘길 수가 있다. 깨지고 비워지고 홀로 남겨졌을 때에야 사람은 보이는 것 너머에 계신 하나님의 은혜를 구하며 새로운 삶을 갈구할 수 있다. 그래서 예수님은 "심령이 가난한 자는 복이 있나니"라고 하신 것 같다.

'깨진 마음'을 읽으며 나는 저자의 깨진 삶의 틈 사이를 가득 채우시는 하나님의 은혜를 느꼈다. 그리고 이 책이 십대들에게 은혜요, 복음의 메시지가 될 것이라 믿는다.

김 정 태 좋은교사운동 공동대표

# 나라는 놈

18! 힘들어.
난 왜 이렇게 생겼나.
난 왜 이런 놈일까?
난 이것 밖에 안 되는 놈인가?
쓸모없는 놈.
살아갈 가치도 없는 놈.

내가 이 땅에 존재하는 것은 하나님의 실수야!

# 깨진 그릇

내 마음은 깨진 그릇
아무것도 담을 수 없어
버려진 깨진 그릇

날 아끼던 손길들은
더 이상 상처받지 않기 위해
내게 손을 내밀지 않는다.

구석진 어느 공간에
자리만 차지하고서
버려질 날만 기다리는 깨진 그릇

누군가에 의해서
내 존재는
지금 이렇게 버려졌다.

# 실수

나는 정말 실수로 이 땅에 태어났다고 생각했다.
존재하는 것 자체가 너무나 싫었고,
살아 숨 쉬는 것조차도 버거웠다.
매일 밤마다 반복되는 부모님의 싸움과
물건이 깨지는 소리와
엄마의 비명소리와
아빠의 분노에서 터져 나오는 폭언 ...
이곳은 집이 아니라 불이 활활 타오르는 지옥과도 같았다.
너무 무서웠다. 공포 속에서 벗어나고 싶었지만
난 개 목줄에 묶인 강아지처럼 안절부절 집 마당만 서성였다.


# 왜 난 이곳에 태어났어야 했나 ...

왜 나는 이분들의 사랑놀이의 희생양이 되어야 했나 ...
나의 존재의 자리는 마당 한구석에 자리 잡은 개 집과도 같았다.
난 나의 삶을 선택한 적이 없었다.
내가 결정한 것은 아무것도 없었다.
고통도, 두려움도, 아픔도 난 결정하지 않았다.
이 집으로 보내신 분이 하나님이라면
날 선택하신 하나님이 실수하신 것이다.

# # 나는 10대 후반까지

사랑이라는 단어를 이해할 수 없었다.
내가 사랑받고 있다는 경험도 없었다.
드라마와 영화를 통해서 사랑이란 느낌을 간접적으로 경험은 해봤지만
나의 몸과 감정으로 경험해 보지는 못했다.
물론 내 자신도 사랑받을 만한 자격이 있는 아이라고 생각해 본 적도 없다.
난 그럴만한 조건을 가지고 있지 않았다.

얼굴이 못생겼다.
공부도 못했다.
키도 작았다.
말주변도 없었다.
가난했다.
그래서 난 내가 싫었다.

# # 가난한 우리집은

추운 겨울에 내게 점퍼를 사 줄 수가 없어서
아버지가 입고 다니시던 갈색 점퍼를 입고 다녔다.
어떤 때는 엄마의 검정색 점퍼도 입고 다녔다.
교회 겨울수련회에 입고 갈 만한 점퍼가 없어서 아버지의 점퍼를
입고 갔었다.
친구들의 옷들과 내가 입고 간 옷이 섞여져 있었는데,
누군가 내 옷을 들더니 '누가 할아버지 옷을 입고 왔다'며
놀리기 시작했다.
난 내가 그 점퍼의 주인이 아닌 듯 그 자리를 피하려 했지만
어떤 친구가 내 이름을 부르며 내게 점퍼를 던져줬다.
웃을 일도 아니지만 모두들 뭐가 그렇게 재미있는지
왁자지껄 떠들며 웃고 난리가 났다.
웃음소리가 커질수록 내 가슴은 송곳으로 후벼 파는 듯이 아팠다.
창피하고 부끄러웠다.
이 세상에서 나만 가난한 것 같고 이 친구들은 다들 부유한 다른
세상에서 사는 것 같았다.

# # 초등학교 수업이 끝나고

친구들과 놀다가도 엄마의 일을 돕기 위해서
엄마가 일 하시는 공장으로 달려갔다.
매일마다 즐거운 마음으로 엄마를 도와 드릴 수는 없었다.
친구들과 더 놀고 싶어서 공장 입구에 서서 일하기 싫다고 투정도 부려봤지만
내게 돌아오는건 엄마의 강력한 등짝 스메싱이었다.
그리고 내 머리를 끄집고 공장으로 끌고 들어가셨다.
나는 울며 불며 일 하기 싫다고 소리를 질러 봤지만
엄마의 매 앞에서는 꼼짝도 할 수 없었다.
일이 끝나고 집에 가면 엄마는 아빠에게 내가 투정 부렸던 일들을
고자질하셨다.
그러면 아빠는 나에게 '사람이 밥을 먹었으면 밥 값을 해야지!
밥 값을 안할꺼면 나가!' 라고 소리치셨다.
나는 밥값을 해야 한다는 아빠의 말에 너무나 서운했다.
3살 위의 형은 엄마가 일 하시는 공장에 와서 일을 도와준 적도 없었고
그런 형을 아빠는 혼낸 적도 없었다.
어린 나로서는 불공평하게 느껴졌고 나만 미워하시는 것 같았다.
또한 '밥값을 하라.' 는 말씀에
밥 값을 못하면 '사랑받지 못할 수도 있다.' 라고 느꼈었다.

# # 초등학교 3학년 때,

친구들과 놀기 위해서 집을 나서자
한 손에 소주를 사가지고 들어오시는 아빠와 마주하게 되었다.
나는 어색하게 아빠를 바라보며 씩 ~ 하고 웃으며 인사했다.
그러나 아빠의 얼굴은 전혀 반가워하시지 않으셨다.
아빠는 한 손에 들고 있던 소주병으로 내 머리를 내리치셨다.
소주병이 내 머리를 향해 빠른 속도로 내려쳐지는 그 순간!
아빠의 어깨위로 들어 올려진 소주병은 햇볕에 비춰지면서 아름다운
초록빛을 발하고 있었다.
'팍!' 하고 내 머리를 때리는 순간 너무나 아파서 눈을 뜨지 못하고
시커먼 동굴 속에 갇혀있는 괴물처럼 괴성을 지르며 고통스러워했다.
그 고통스러웠던 순간과 상황은 어른이 된 지금도 잊혀지지 않는다.
또한 내가 소주병으로 맞아야했던 이유가 무엇이었을까?
아무리 생각해 봐도 이유를 찾을 수가 없다.
이유가 없는 폭력 앞에 어린 아이였던 내가 어렵게 찾은 답은
'난 아빠에게 필요 없는 존재'라는 것이었다.

# 어린시절

아빠에게 학대를 당하는 사람들은

아빠에게 버려졌다고 느끼는 것과 동시에

하늘에게 버려진 듯한 고통을 느낀다고 한다.

우리에게 아빠라는 존재는 하늘과 같은 존재다.

그래서 아빠에게 학대를 당하며 버려졌다고 생각하는 사람들은

무의식 가운데 '하늘도 날 버렸다.' 라고 생각한다.

# 어느날 오후

아빠의 심부름으로 1층 창고 방에 담배를 가지러 갔다.
문을 여는 순간, 날이 번쩍거리는 칼을 보고 당연하듯 칼을 집어 들고
내 배를 찔렀다.
'아! 아프다!' 라고 느꼈지만 아픔이라는 고통은 살고 싶은 사람들에게
나 필요한 사치스런 것으로 느껴졌다.
내가 이렇게 행동했었던 이유를 나도 잘 모르겠다.
그때 당시에 내 마음에 자리 잡고 있었던 생각은 '나는 우리 집에서 필요
없는 놈, 살아갈 가치도 없는 놈, 아빠에게 버려진 놈' 이라는 생각
뿐이었다.
마지막 나의 짧은 인생을 끝내려고 칼자루에 힘을 주려는 그 순간,
내 눈에 엄마의 모습이 드라마처럼 스쳐 지나갔다.
그 모습은 나의 장례식을 치루기 위해서 울면서 돈을 빌리러 다니시는
엄마의 모습이었다.
내 마음은 그 장면과 함께 녹아져 내렸다.
그렇지 않아도 힘들게 살아가고 있는 엄마에게
또 하나의 고통을 더해주고 싶지 않았다.
손에 힘을 빼고 칼자루를 내려놓자 눈물이 뚝뚝 내 발등 위로 떨어졌다.
엄마가 불쌍했고
우리 가족들이 불쌍했다.
또 내가 불쌍했다.

# 삶의 시작은 내가 결정하지 않았다.

삶의 고통도 내가 선택하지 않았다.
우리는 선택하지 않은 고통과 아픔으로 멍든 가슴을 안고 살아가고 있다.
그래서 우리는 고통을 잊기 위해서 스스로 삶을 끝내려고 한다.
하지만 잘못된 생각이다.
스스로 결정하는 삶의 끝은 또 다른 누군가의 고통을 시작하게 하는 보이지
않는 폭력과 살인이다.

# # 거울에 비친 내 모습은 신기할 정도로 못생겼다.

단추만한 작은 눈과 절대로 정리되지 않는 곱슬머리와
너무 넓어서 축구를 해도 될 만한 사각턱과
비정상적으로 튀어나온 광대뼈는 정말 '젠장!'이라는
감탄사로 정리할 수 있었다 .
난 거울을 보면서 내 얼굴에 욕을 퍼부었다.

"못생긴 놈"
"짜증난다"
"꺼져라"
"병신새끼"

이런 저주받은 얼굴을 가지고 사람들 앞에 서기가 부끄러웠다.

나만 내 얼굴을 그렇게 생각하는 것이 아니었다.

다른 사람들도 내 얼굴을 보며 한 마디씩 했다.

여호와여
내게 은혜를 베푸소서
나를 사망의 문에서 일으키시는 주여
나를 미워하는 자에게서
받는나의 고통을 보소서
시편 9:13

# #1. 학원 선생님

고 1 때 교회 앞 학원을 다니게 되었다 .
나를 담당하게 된 선생님이 진로상담을 해주시겠다며
이런 저런 질문을 던지셨고 마지막 질문으로 내게 꿈이 뭐냐고 물으셨다.

* 선생님 : "꿈이 뭐냐 ?"
* 나 : "목사가 되는 것이 꿈입니다."
* 선생님 : ( 정색한 얼굴로 ) "니 얼굴로 무슨 목사가 될 수 있겠냐 ?"
* 나 : "네 ?"
* 선생님 : "니 얼굴을 봐라. 얼굴이 도둑놈같이 생겨가지고
　　　　　누가 니 얼굴 보고 교회 나오고 싶겠냐 ?"
* 나 : "목사가 되고 선교사로 나가고 싶습니다."
* 선생님 : ( 비웃음 )" ㅎㅎㅎ 야 ! 넌 한국에서 결혼 못할 것 같으니까
　　　　　해외에 나가서 국제결혼하려고 그러냐 ?"

나는 그 순간 얼굴이 빨갛게 달아오르고
부끄러움과 함께 분노가 올라와 참을 수가 없었다.
나는 그 자리를 뛰쳐나와 교회를 향해 달려갔다.
아무도 없는 어두운 기도실에 앉아 울면서
내 얼굴을 이렇게 만드신 하나님을 원망했다.

# # 2. 외삼촌

고2 겨울 방학 때 교회 선후배들과 함께
서울에서 진행하는 수련회에 참석했다.
수련회가 끝나고 서울에서 목포 집으로 내려가야 하는
교통편이 없어서 서울역에서 노숙을 해야 할 상황이었다.
그 시절에는 '찜질방' 이라는 것이 없었고,
순진한 8명의 고등학생들이 호텔이나 모텔을 이용할 생각도 못했다.
여러 가지 방법들을 생각해 봤지만 답을 찾을 수가 없었다.

마직막 방법으로 서울에서 부유하게 사시는 외삼촌께 연락을 드렸더니
얼마 지나지 않아 외숙모님께서 우리를 데리러 와 주셨다.
외삼촌의 집에 도착했을 때 우리는 넓고 멋진 집에 감탄하지 않을 수가
없었다. 외삼촌은 밤 11시가 다 되어 집에 오셨고 고향에서 올라온
우리를 친절하게 환영해 주셨다.

외삼촌은 우리 8 명을 줄줄이 앉혀 놓고 꿈을 물어보셨다.
모두들 미래의 자신을 생각하며 밝은 모습으로 자신들의 꿈을
말씀드렸고, 외삼촌은 그 꿈에 대해서 격려해 주시고 응원해 주셨다.
마지막 차례로 내게 꿈을 물어보셨다.

* 외삼촌 : 넌 꿈이 뭐냐?
* 나 : 목사가 꿈입니다.
* 외삼촌 : (정말 심각하게) 이 개ｘ끼야!, 18ｘ끼야!, 모지리 같은ｘ끼야!
　　　　　니 얼굴을 봐라! 니 얼굴에 무슨 목사냐?
　　　　　누가 도둑놈 같이 생긴 니 얼굴 보고 교회에 오겠냐?
　　　　　직장에 들어가서 돈 많이 벌어서 고생하시는 니네 부모님
　　　　　도와드려야지!
　　　　　정신차려라! ｘ새끼야!

생각지도 못한 외삼촌의 반응과 상황에서 나는 아무말도 할 수 없었다.
내 마음을 대변해 주는 것은 내 뺨을 타고 바닥에 떨어지고 있는
눈물 뿐 이었다.

# # 외삼촌의 말이 맞다.

나는 못생겼고 엄마 외에는 누구도 나의 얼굴에 대해서 칭찬해 주지
않았다.
또한 누군가에게 환영을 받고 사랑을 받아본 경험도 없었다.
나는 외삼촌이 말씀하시는 것과 학원선생님이 말씀하신 것이
현실적이고 적절한 평가라고 생각하고
꿈을 접기로 결정했다.
꿈을 접으니 내게 남은 게 아무것도 없었다.
내일에 대한 희망도
꿈을 준비하는 즐거움도
내일에 대한 소망도 없었다.
나는 우주의 먼지가 된 느낌이었다.

# 거절감

나는 거절받았다.

내가 선택하지 않은 얼굴이 거절받았고,
내가 선택한 꿈을 거절받았다.

나는 선택을 하지 않아도 거절받고,
선택을 해도 거절받았다.

내 인생은 환영 받지 못했고,
환영받지 못한 나는 없어져야 했다.

# 나는

나는 내가 되고 싶었다.
'개 x 끼' 가 아니고 '병신 x 끼' 도 아닌 내가 되고 싶었다.

나는 내가 되고 싶었다.
'못생긴 놈' 도 아니고 '멍청한 놈' 도 아닌 내가 되고 싶었다.

나는 내가 되고 싶었다.
너의 손톱 만한 차가운 잣대가 아닌
내 어머니의 따뜻한 잣대로 내가 되고 싶었다.

# 거절감을 주는 말들

나에게 거절감을 주는 부모님의 말

- 밥이 아깝다.
- 니가 내 자식인 게 창피하다.
- 넌 그것도 못하냐?
- 너 땜에 내가 못 살겠다.
- 널 못 키우겠다. 차라리 그냥 집을 나가라!

# 우리가 살고 있는 세상이 주는 거절감

- 돈이 많아야지!
- 좋은 학교를 나와야지!
- 잘 생겨야지!
- 얼굴이 예뻐야지!
- 좋은 직장을 다녀야지!
- 좋은 옷을 입어야지!

# 친구들이 나에게 거절감을 주는 말

- 너는 그것도 없냐?
- 미 x 년!
- 뭐래? x 신이!
- 18 x 꺼져!
- 쟤랑 놀지마!
- 못 생긴게 지랄하네!
- 너만 보면 짜증나!

# # 거절감과 나쁜 말들은

우리의 생각 속에 기생하며 우리가 힘들 때마다 메아리쳐 울린다.
거절감과 나쁜 말들은 결국 자기 정죄로 이어진다.
그래서 우리는 낚시 바늘에 낚인 물고기와 같이
부정적 생각에 한번 사로 잡히면 쉽게 벗어나지 못하고
파도에 몸을 맡기 듯 부정적인 생각에 우리의 마음과 몸을 맡긴다.
그런 우리는 상처가 되는 말들과 욕들을 우리의 마음에 새기며 살게 되고
상처의 말들과 욕들은 곧 내 자신이 되어 버린다.
우리는 그렇게 상처와 함께 동거하고 상처와 함께 자기 자신의 내면을
만들어간다.

# # 거절감으로 아파하는 사람들은 친구와의 관계에서

어려움을 당하고 쉽게 상처 받는다 .
친구들의 말과 행동에 민감하게 반응하고
그 말의 의도와 행동들을 잠자기 전에 생각하면서
잠을 이루지 못한다.
어떤 친구들은 자신의 거절감을 이겨내기 위해
친구들에게 사랑받기 위해 노력한다.
재미있는 농담이나 행동들을 하고
사람들에게 튀려고 돌발적인 행동들을 한다.
재미있는 광대의 모습을 하고 있지만 사실 그런 친구들의 마음은 더 외롭다.

# # 거절감에서 비롯된 외로움을 해결할 수가 없어서

담배에 의존하고 더 나아가서는 술에 의존한다.
그리고 이성의 사랑에 의존한다.
그러나 이러한 의존은 아무런 도움을 주지 못한다.
우리가 거절감에서 자유로워지고 건강해지는 방법은
자존감을 높이는 것이다.

# # 자존감

모든 가치는 나의 가치에 비례한다.
나의 존재의 가치가 높아질수록
내가 대하는 모든 가치는 가치있게 된다.
반대로 나의 가치가 없을수록
내가 대하는 모든 가치는 가치가 없게 된다.
이것을 자존감이라고 한다.
자존감이란 자신을 존중하고 사랑하는 마음이다.

자존감이 높은 사람은 자기 자신을 사랑하는 마음이 크다.
자신을 사랑하는 마음이 큰 사람은
다른 사람을 사랑할 때 건강하게 사랑한다.
자존감이 높은 사람은 자기 자신에게 관대하고
다른 사람에게도 관대하다.
자존감이 높은 사람은 자신감이 넘치고 친절한 삶을 살아간다.

나는 자존감이 얼마나 높은 사람이었을까?
정직하게 말한다면 예수님을 만나기 전까지
나의 자존감은 바닥이었다.
내게 있는 것이라고는 오직 거절감에 쩔은
자격지심과 자기연민과 절망적인 삶을
노래하는 것뿐이었다.

# 우리집의 밤

밤이 되면 우리집은 공포의 공간이 되었다.
아버지는 퇴근 후 집에 오셔서 힘든 몸과 마음을 위로하기 위해 술을 드셨다.
어린 내가 경험한 술이라는 것은 아버지를 위로하기 보다는
아버지의 화를 부추기는 불처럼 보였다.
그 불이 당겨지면 술에 취한 아버지는
어머니에게 폭언과 폭행으로 반응 하셨고
그것에도 화가 풀리지 않는 날이면
물건들을 집어 던지고 부수기까지 하셨다.

내게 집이란 곳은 행복하고 따뜻한 공간이 아니라
빨리 벗어나고 싶은 공간으로,
공포와 긴장감으로 휩싸인 태풍의 눈과 같은 곳이었다.

# 엄마가 울고 있다.

전쟁을 승리로 끝낸 아빠는 술에 취해 잠이 들었고,
전쟁에서 패전한 엄마는 그 옆에 누워 이불을 이마까지 올리고
이불을 들썩거리며 울고 있었다.

선홍 빛 베갯잇은 눈물이 고여 피가 물든 것 같았고
나의 눈도, 나의 마음도 빨갛게 피멍이 들었다.


# 울지마

울지마! 라고 이야기 해 주고 싶었다.
그러나 아무 말도 내 입에서 나오지 않았다.
나도 너무나 울고 싶어서였을까?
아니면 엄마의 지금 이 심정을
충분히 이해하고 있어서였을까?

# 엄마는

붉어진 얼굴을 이불 밖으로 내밀며
내게 미안하다고 한다.
엄마가 무슨 잘못을 했다고 ...
나도 말해주고 싶었다.
"엄마를 지켜주지 못해서"

"미안해!"

# 밤이면 밤마다

해가 지면 긴장감이 나를 지배했다.
부부싸움은 대부분 밤에 일어나기 때문에
해가 지는 어두운 시간이 되면 항상 긴장감이 가득했다.

부부싸움이 없는 날에도 밤은 늘 불행했다.
잠들기 전까지 나는 화장실을 자주 다녀와야 했다.
무의식 중에 긴장감이 내면화가 되어서 잠들기 직전까지 소변이 마려웠다.
어느 날은 화장실을 15번이나 갔고
이런 날이 흔하게 되었다.
집 화장실은 밖에 있었고
화장실에 가는게 귀찮아서
고등학교를 졸업할 때까지
요강을 머리맡에 두고 잠을 잤다.
병원에 가보기도 했지만
별다른 이상이 없다는 소견뿐이었다.

# # 마음과 몸이 고장난 나는

이러한 현실을 벗어나고 싶었다.
혼돈스럽고 공허한 삶에
무언가를 통해 채우고 싶었다.

TV 드라마가 나에게 길을 제시해 주었다.
TV 드라마 주인공들처럼 뜨거운 사랑을 하면
나의 이런 소망이 없고 좌절된 마음이 사랑으로 채워질 것 같았다.
사랑은 안식처와 같아 보였고
사랑은 모든 것을 채워줄 것 같았다.
그래서 누군가를 찾아다녔다.
그리고 혼자서 누군가를 좋아하기 시작했다.

# 누군가를 좋아하고

그 친구를 마음에 품었을 때
나는 내가 누구인지 알았고
나를 넘어선 새로운 인생이
나를 위해 준비된 것처럼 보였다.

또한 누군가를 좋아하는 그 시작점은
새로운 세상으로 나를 안내해 주는
팅커벨의 속삭임이었다.

그러나 팅커벨은 판타지에나 나오는 요정일 뿐이다.
이러한 여과되지 않은 불안정한 희망은 신기류에 불과했다.

# 누군가를 좋아하면서 나는 알게 되었다.

사랑도 나에게는 관심이 없다는 것을 ...
내가 건네 준 편지를 읽지도 않고 내 앞에서 찢어버리는
그 친구의 모습은 내 마음을 찢고 내 존재를 찢는 듯 했다.


# 모든 게 내 탓이다.

마음은 아팠지만
그 친구의 반응은 극히 자연스러운 반응이었다.
나도 그 친구의 마음을 이해했다.
그리고 인정했다.
나는 못생겼다.
나는 사랑받을 만한 가치가 없다.
나는 그런 놈이었다.
내가 다가가는 사랑은 항상 시작도 하기 전에 이런 식으로 끝이 났었다.

# # 삶의 가치가 무슨 의미가 있을까?

가족의 가치?
부모의 가치?
'나' 라는 가치?
'살아있음' 의 가치?
생명의 가치?
공부의 가치?
친구의 가치?
신앙의 가치?

자존감이 바닥이었던 나는
내게 축복으로 맡겨진 모든 가치를
의미없는 가치로 죽음이라는 쓰레기통에 던져 버렸다.

# 힘들다.

버겁다.
괴롭다.
아프다.
외롭다.
싫다.
날 안아주는 사람이 없다.
난 버려졌다.
죽고 싶다.

내 입에서 항상 내뱉어진 말들이었다.


# 이제 정말 삶을 끝내야겠다.

안녕 …

잘있어.

그리고 미안해.

# 늦은 밤

집으로 향하는
오르막길
전봇대 아래
계단에 앉아서
바다를 보며
죽음을 생각하며
나의 짧은 삶을
되돌아 보았다.


# 하나님을 원망했다.

내게 주신 것이 없었다.
행복 ?
사랑 ?
따뜻함 ?
안김 ?
용납 ?
존중 ?
공감 ?

하나님은 내게 이러한 것들을 주신 적이 없었다.

# # 이렇게 짧은 삶을 끝내려 하니

폭풍처럼 서러움이 복받쳐 올라왔다.
하나님을 향해서 원망을 쏟아부었다.
공평하지 않으신 하나님!
나만 사랑하지 않으시는 하나님!
내 삶을 저주하신 하나님!
날 못생기게 만드신 하나님!
내게 고통스러운 부모를 주신 하나님!
가난을 주신 하나님!
왜 내게 ...
왜 내게 ...
왜 내게 ...
"내가 무슨 큰 잘못을 했다고 ...
이런 고통을 주십니까?"
그래서 나는 이 저주스러운 삶을 던져 버리겠습니다!"

# # 전봇대 아래에서 원망의 설움이 쏟아지고 며칠이
  지난밤이었다.

습관적으로 기도하고 잠을 자는 데 환상과 같은 꿈을 꾸었다.
며칠전 전봇대 아래의 내 모습이었다.
전봇대 아래 앉아 있는 나는 울고 있었고
그 옆에 십자가에 달리신 예수님이 계셨다.
내 얼굴이 클로즈 업 되면서
내 눈의 눈물이 뺨을 타고 땅에 떨어지는 그 순간!
예수님의 손에 반쯤 박혀있던 큰 못이 쑤~욱 하고 들어갔다.
예수님은 고통의 비명을 지르시고 너무나 아프셔서 숨을 헐떡이셨다.
또 나는 울고 있었고
내 눈에서 눈물이 뺨을 타고 흘러서 땅에 떨어지는 그 순간
예수님의 반대쪽 손에 반쯤 박혀있던 큰 못이 쑤~욱 하고 들어갔다.
예수님은 "악 ~!" 하고 큰 비명을 지르시고는 고개를 떨구셨다.
다시 또 내 눈의 눈물이 땅에 떨어질 때
이번에는 예수님의 발목에 반쯤 박혀있던 큰 못이 쑤~욱 하고 들어갔다.
예수님은 "악~ !!" 하고 큰 비명을 지르시고는 기절하셨다.
나는 예수님의 이런 모습이 이해가 되지 않아서
화난 목소리로 예수님께 따져 물었다.

# "예수님! 왜 그러세요? 왜 그러시냐구요?"

"왜 저같이 보잘것 없는 놈 때문에 아파하세요?"
"왜요? 왜? 왜?"

나는 뭔가 모르는 서글픔이 뱃속 끝에서부터 밀려오면서
다시 통곡하고 말았다.
예수님은 고통스러운 얼굴로 나를 향해서 말씀하신다.
"영환아, 나는 너의 눈물과 함께 아파하고 있단다."
"너의 아픔이 나의 아픔이고, 너의 눈물이 나의 눈물이란다."
"난 너의 눈물을 한 번도 무시해 본 적이 없단다."
"이제 부터는 내가 너의 아버지가 되어줄께,
내가 안아주고 사랑해 줄게. 내가 너의 아빠란다."
지금껏 나를 지탱하고 있었던
분노의 근육들이 풀어지는 느낌이었다.
육체의 모든 힘이 빠지고 실신하듯 쓰러져
울고 있는 나를 발견하게 되었을 땐

내가 알고 있던 나의 모습이 아니었다.

# 나는 밝게 빛나고 있었다.

진짜 빛이 내게서 방출되고 있었던 것은 아니다.
마음이 나를 빛나는 존재로 우러러 보고 있었다.
나는 더 이상
못 생긴 놈도,
가난한 놈도,
버려진 놈도,
없어져야 할 놈도 아니었다.
나는 하나님 아버지의 자녀였다.
예수님은 나의 눈물에 반응하시고,
나의 고통을 함께 아파하시는 ...
나는 그런 존재가 되었다.

# # 나와 같은 아픔으로 눈물 흘리고 있는 너에게 ...

혼자서 울고 있는 너의 옆에
예수님이 함께 아파하신다고 난 믿어.
십자가에 달리신 예수님이
너의 눈물과 함께 아파하고 계셔.
이 사실을 믿고 예수님께
너의 마음을 이야기한다면
이제 넌 더 이상
못 생긴 놈도,
가난한 놈도,
버려진 놈도,
없어져야 할 놈도 아니야.

넌 사랑 받아야 할 존재가 되고
땅에 숨겨져 있었던 '너' 라는 보석이 땅 위에서 빛나게 될거야

"사랑받는 자녀! 소중한 존재! 보석 같은 존재! OOO!"
이 문장에 너의 이름을 넣어서 외쳐볼까 ?

"사랑받는 자녀! 소중한 존재! 보석 같은 존재! OOO!"

# 스바냐 3:17

너의 하나님 여호와가 너의 가운데 계시니
그는 구원을 베푸실 전능자시라
그가 너로 인하여 기쁨을 이기지 못하시며
너를 잠잠히 사랑하시며 너로 말미암아 즐거이 부르며 기뻐하시리라.


## 하나님은 우리 가운데 계시면서

'나' 라는 존재 때문에 3가지의 행동을 하신다.
첫째, 기쁨을 이기지 못하신다.
둘째, 잠잠히 사랑하신다.
셋째, 즐거이 부르며 기뻐하신다.

# # 기쁨을 이기지 못하신다.

배꼽 빠지게 웃음이 나올 때
우리는 기쁨의 무게를 견디지 못하고
바닥을 뒹굴며 쓰러져서 웃는다.
하나님이 우리를 바라보시는 마음이 이와 같다.
기쁨을 이기지 못하실 정도로 …
기쁨의 무게를 이기지 못하시고
우리를 보시면서 '쓰러지신다' 는 말씀이다.

우리가 공부를 잘하기 때문이 아니다.
우리가 잘생겼기 때문이 아니다.
나라는 존재는 '있는 모습 그대로'
하나님이 쓰러지실 정도로 멋진 존재다.

# 하나님은 나의 치명적인 매력을 얼굴 어딘가에 숨겨 두셨다.

결혼을 하기 전에는 절대 풀 수가 없었다.
어딘가에는 존재하고 있지만 아무도 발견할 수 없는 치명적인 매력!
결혼을 한 후 나의 아내를 통해서 이 비밀의 문을 열어지게 되었다.
나의 치명적 매력은 콧구멍에 있었다.
나의 콧구멍 입구는 하트로 만들어져 있었던 것이다.
오직 내 품에 안겨서 내 얼굴을 쳐다봐야만 보이는 콧구멍이다.
겉으로 봐서는 들창코지만
밑에서 보게 되면 하트가 뽕뽕 만들어져 있다.

오직 하나님만 알 수 있고
나의 아내 만이 볼 수 있는 치명적인 매력이다.
나의 아내만 만족한다면 내 얼굴의 멋짐은 이걸로 충분하다.

# # 잠잠히 사랑하신다.

'잠잠히' 라는 단어는 히브리어로 '하라쉬' 라고 한다.
이 단어의 의미중 하나가 '새기다' 라는 단어로 사용되었다.
나는 이 문장을 '잠잠히' 보다는 '새기다' 라고 해석하길 좋아한다.

하나님은 우리를 사랑하시는 데 어떻게 사랑하시는가?
우리를 향하신 사랑은 하나님 가슴에 새겨진 사랑이다.
쉽게 지워지지 않는다. 어떤 인간도 지울 수 없다.
더 나아가 이 구절은 우리 인간들의 사랑들 중에
'짝사랑' 에 비유하고 싶다.
누군가를 짝사랑하기 시작할 때 잠잠히 사랑한다.
아무도 보지 못하게 마음에 새겨서 사랑한다.
사랑하는 대상의 삶을 지지해 주고 싶고,
도와주고 싶고, 응원해 주고 싶은 사랑!

하나님은 우리를 그렇게 사랑하신다.

# # 잠잠히 사랑하신다는 것은 ...

나는 빵을 좋아한다.
군에 입대를 하고 신병 훈련소에서 자대배치를 받으면 PX( 매점 )에 가서
빵을 한 가득 먹을 생각에 설레었다.
자대배치를 받고 1주일이 지나도
고참들은 나를 PX에 데리고 가지 않았다.
굉장한 고문이었다. 내 다른 동기들은 PX에 다녀온 걸 자랑까지 했다.
자기 전에 평소와 다름없이 기도했다.

"하나님 아버지 ... 빵이 너무 먹고 싶어요. 빵 좀 먹게 해주세요"
다음 날 점심식사 후 부대에 사고가 났다.

사고 처리를 위해 서울에서 오시는 분들을
버스터미널에 마중 나가 있어야 하는 인원이 필요했는데,
신학대학교에 다닌다는 이유로 부대의 막내인 내가 뽑혔다.

나는 터미널 대합실에 혼자 각을 잡고 앉아 있었다.
2시간 정도 지난 후 아버지 첫 기일을 치루고 온 소대 동기를 만났다.
그 친구는 나를 끌고 터미널 매점에 가서 빵 2개를 사주고 부대로 복귀했다.
난 정말 미친 듯이 감사해 하며 맛있게 먹었다.

1시간이 지난 후 처음 보는 부대 하사관이 나를 확인하기 위해
터미널에 왔다. 그 분은 나를 데리고 매점으로 갔다.
빵과 우유를 사 주셨는데, 우유를 못 먹는 난 우유를 빵으로 바꿔 먹었다.
정말 빵을 배부르게 먹었다.
정말 하나님께 너무 감사했다.

오후 5시가 되어서 중대장님이 나를 픽업하기 위해 터미널에 오셨다.
부대 복귀 중 중대장님이 차를 멈추시고는 차에서 내리라고 하셨다.
내려서 나를 이끌고 가신 곳은 제과 빵집이었다.
중대장님은 내게 바구니 2개에 먹고 싶은 빵을 다 담으라고 하셨다.
나는 눈에 보이는 맛있는 빵을 다 담았다.
빵집에서 가장 큰 하얀색 비닐 봉투 2장에 빈틈없이 담았다.
나는 생각하길 부대원들을 먹이시려고
이렇게 많이 사라고 하시나 생각했다.
그러나 나의 예상은 빗나갔다.
그 빵들은 오직 나를 위한 빵이었다.
나는 중대장실에 함께 들어가서 그 모든 빵을 원없이 혼자 다 먹었다.
누군가는 우연이라고 말할 수 있겠지만 나는 전날 밤에 기도를 했다.

나를 지지하고 응원하시는 하나님 아버지의 응답이었다.

# 잠잠히 사랑하신다는 것은 …

스물여섯 살이 되어 세상에서 가장 아름답고 사랑스러운 자매를 만나
결혼을 준비 했다.
결혼을 준비하는 우리는 대학생의 신분이었고,
부모님께 도움을 받을 만한 상황도 아니었다.
최소의 비용으로 살림살이를 준비해야 했다.
대형마트에 가서 가전제품을 둘러 보았다.
우리가 TV를 구입하려고 준비한 돈은 40만원인데
이 돈으로는 턱없이 부족한 돈이었다.
그 때 당시 벽걸이용 TV가 나오기 시작했다.
28 인치 벽걸이용 TV가 120만원정도 했다.
우리는 감히 생각조차 할 수 없었던 금액이었지만
나는 하나님께 카트를 밀며 기도했다.
"하나님, 우리 가정은 저런 벽걸이용 TV를 살 수 없습니다.
그러나 주님이 70%정도 할인해 주신다면 살 수 있습니다.
어떻게 생각하세요 ?"
바로 그 즉시 하나님의 부드러운 음성으로 내 마음에 말씀하시는 것 같았다.
"그렇게 해줄께"
하나님의 음성이라는 것이 확신으로 다가왔고 믿음이 되었다.
그래서 내 옆에서 함께 걷던 아내에게
"하나님이 70%정도 할인 받아서 살 수 있게 해 주신 데 !"

아내는 비웃는 듯 웃었다.
나는 성경의 한 장면이 떠올랐다.
아브라함의 아내 사라가 아이를 낳지 못하는 늙은 나이에
하나님의 천사가 아이를 낳는다고 했을 때 피식 웃었던 그 장면이 생각
이 났다.
아브라함은 믿음으로 아들을 낳았다.
나는 믿음으로 벽걸이용 TV를 사게 될 것을 믿었다.

# # 3일후

사랑하는 후배 창현이에게 전화가 왔다.

* 창현 : "형! TV필요하지 않으세요?"
* 나 : "필요하지"
* 창현 : "사촌 형님이 ** 전자에서 일하는 데,
        직원 판매용으로 TV가 싸게 나왔어요.
        형님이 필요하실 것 같아서요"
* 나 : "비싸면 못 사. 얼마 정도하니?"
* 창현 : "28인치 벽걸이용 TV가 38만원 정도해요"
* 나 : "그래? 와우!"

나는 그렇게 70%를 할인 받아
120만 원짜리 TV를 38만원에 구입하게 되었다.

나를 마음에 새기신 하나님은 내 인생을 지지해 주신다.
나를 마음에 새기신 하나님은 나의 이야기에
귀 기울여 주시고 응답해 주신다.

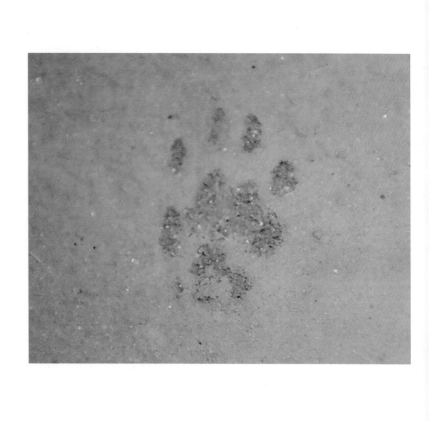

# 잠잠히 사랑하신다는 것은 ...

2010년 가을 …
멀쩡하게 사역하던 교회전도사 사역을 그만 두고 길거리 예배를 시작했다.
세상 사람들이 교회로 나올 수 없다면 내가 그들에게 가야겠다는 마음이었다.
그 생각이 내 심장을 두근거리게 했고 살아있음을 느끼게 했다.
광주 충장로 공원에서 시작했다.
가을에는 많은 사람들이 있었고, 특별히 노숙인 아저씨들이 많았다.
찬양을 하고 있으면 내 옆에 서서 일부러 담배를 태우셨다.
담배연기 때문에 기침하기가 바빠서 찬양하던 것을 멈춰야 했다.
그런 모습을 보고 아저씨들은 웃으면서 막걸리를 건배하시며 들이키셨다.
한번은 전남대학교 잔디밭에서 예배를 드리는 데,
그곳에서 노숙하시던 아저씨께서 찬양이 시끄럽다며 소주병을 던지기도 했다.
그분의 달콤한 잠을 망친 것이 나의 잘못이란다.
난 달콤한 목소리로 그분의 상쾌한 아침을 맞이하게 드리고 싶었는데
무리였다.
이렇게 교회를 나와서 길거리나 공원에서 예배를 드리는 나를 향해
친구들과 주변 사람들이 미쳤다고 했다.
지지해주는 사람들이 없다는 것에 외로움을 느꼈고,
혼자라는 생각과 궁핍해지는 가정의 상황에 어려움을 느꼈다.
시간이 흘러가면서 길거리 예배의 사역과 하나님의 뜻이
어디에 있는지 고민하는 시간들이 많아졌다 .

# 겨울이 되고 영하의 날씨가 되면서

공원에는 아무도 없었다.
나 또한 혼자서 예배의 자리를 지키는 것이
힘이 들고 지쳐갔다.


# 날씨가 화창한 어느 주일날

어렵게 예배를 드리고
마지막 찬양을 드리는 데 좌절감이 일어나면서
억눌렸던 눈물이 터져나왔다.
'하나님! 저의 예배를 받으시나요?'
'제가 하는 이 일이 맞는 건가요?'
울면서 기타를 가방에 넣는 데 갑자기 함박눈이 쏟아지기 시작했다.
앞이 보이지 않을 정도로 쏟아부어졌다.
10분 정도 눈이 내리고 다시 화창한 하늘이 열렸다 .
그리고 내 앞 벽에 방금 내린 함박 눈으로 하트가 새겨졌다.
믿기지 않을 정도로 선명한 하트였다. ( 사진 참조 )
내 마음에 하나님이 말씀하셨다.

"영환아, 내가 너의 예배를 받고 있단다. 나는 너를 여전히 사랑한단다."

날 지지하시는 하나님은 그날,
힘들어 하는 나를 위해 하나님의 마음을 벽에 새겨주셨다.

# # 즐거이 부르며 기뻐하신다.

즐거이 부르다는 의미는 히브리어로 '린나' 라는 단어를 사용한다.
'린나' 라는 단어의 의미는 '함성', '승리의 환호성' 이다.
하나님은 우리가 하나님 앞으로 나올 때
승리의 환호성과 같은 기쁨의 함성을 외치신다고 하신다.

전쟁에서 죽을 고비를 넘기고 승리를 맞이하는
군사들의 함성은 얼마나 기쁨에 찬 함성일까?
우리가 하나님 앞으로 갈 때 하나님은 그런 기쁨을 느끼시고
그런 행복한 마음으로 우리를 환영해 주신다.
우리는 하나님께 있어서 그런 존재다.

# 그러나 우리는 환영받지 못한다.

우리가 환영받지 못하는 이유는
우리의 가치를 등급으로 평가하는 우리 사회의 문제라고 생각한다.

# 1등급부터 9등급으로 평가한다.

정육점의 한우와 같은 등급 평가다.
아이들의 존재가 등급으로 평가되고
진학하는 대학교로 계급이 구분된다.
이것에서 더 나아가 우리가 무엇을 가지고 있는지,
어떤 상표의 옷을 입고 있는지에 따라서 등급이 나눠진다.

예를 들면 여자 고등학생들은
수입 화장품을 쓰는 친구는 '엘프' 라는 요정의 계급,
고가의 국산 화장품을 쓰는 친구는 그냥 '인간' 이라는 계급,
저가 국산화장품을 쓰는 친구는 '괴물' 이라는 계급으로 구분한다.

# 우리는 괴물이 되고 싶지 않아 비싼 화장품을 사야한다.

그리고 우리는 그것 밖에 가지지 못했기에 괴물이 된다.
그러나 사실 그것을 가지지 못한 친구를 비난하고 조롱하는
그런 우리의 사회와 문화가 괴물이다 .

# # 인싸 아싸

우리는 아싸(아웃사이더)가 되는 것을 원하지 않는다.
인싸(인사이더)가 되기 위해서
인싸들이 쓰는 물건들을 가져야 하고
인싸들이 부러워하는 것들을 가져야 당당한 존재가 된다.

우리는 특별한 존재가 되기 위해서
무언가를 더 가져야 한다고 생각하지만
무언가를 더 가져서 특별한 존재가 되는 것이 아니다.
오히려 더 많이 가지면 가질수록
더 특별한 존재임을 느끼고 싶어서
가지지 못한 친구들을 조롱하게 될 것이다.

우리는 우리 자체로 특별한 존재다.
하나님이 우리를 향하신 사랑과 열렬한 환영은
우리가 인싸의 물건을 가져서가 아니며
괜찮은 집의 자녀여서가 아니다.
본래 우리가 하나님의 특별함을 가지고 태어난 존재이기 때문에
인싸의 물건과 상관없이 특별한 것이다.

# 필요에 대한 앎

우리는 하나님의 필요에 의해서 이 땅에 존재한다.
각 사람마다 특별한 부르심이 있다.
그 부르심을 따라 각기 다른 가정과 환경에서 태어난다.
그 곳으로 부르신 하나님은 실수하지 않으셨고
우리를 보내신 그곳에 하나님의 필요가 있었다.


# 예레미야 1:5

'내가 너를 모태에 짓기 전에 너를 알았고
네가 배에서 나오기 전에 너를 성별하였고
너를 여러 나라의 선지자로 세웠노라.'

하나님은 우리가 누구의 뱃속에서 태어나야 하는지,
우리가 어떤 사람으로 태어나야 하는지,
어떤 시간 때에 태어나야 하는지 알고 계셨고
그에 맞게 우리를 보내셨다 .
하나님이 우리를 필요로 하셔서 보내신 것이다.
우리가 존재하는 이유는 간단하다.
하나님이 우리를 필요로 하신다.

그래서 우리는 특별하다.

# # 하나님은 '그대가 필요했다.' 그리고 '그대가 필요하다.'

나는 전봇대의 예수님을 경험하고는
나의 삶의 전체가 변화되기 시작했다.

첫 번째는 더 이상 내 얼굴을 향해서
욕하지 않았고 사랑하기 시작했다.
몇 달 간은 거울을 보면서 울면서
내 자신을 향해서
용서를 구하기도 했었다.

두 번째는 아빠를 사랑하기 시작했고,
아빠가 불쌍해서 울며 기도하기 시작했다.

# 어느 날 기도하는 중 지옥을 보게 되었다.

굉장히 소름 끼치게 무섭고, 더럽고,
비명과 고통의 신음이 가득한 곳이었다.
용광로와 같은 곳에서 사람들이 불에 타고 있는 모습들과

넋이 나간 채로 고통이 고통으로 느껴지지 않은 듯
쓰레기 더미처럼 쌓여있는 사람들 …
충격적이고 끔찍한 모습이었다.
그 곳을 한참 지나서 감옥과 같은 곳에 도착했다 .
그 곳은 용광로 불에 들어가기 전에 대기하는 곳이라는 것을
짐작하여 알 수 있었다.
그런데 그 곳에 나의 아빠가 있었다.
나를 발견한 아빠는 감옥 창살에 매달려서
내게 살려달라고 소리쳤다.
절규하며 고통스러워하며 제발 살려달라고 애원했다.

살아 있었을 때도 행복하지 못했던 아빠가
죽어서도 불행한 삶을 살고 있었다.

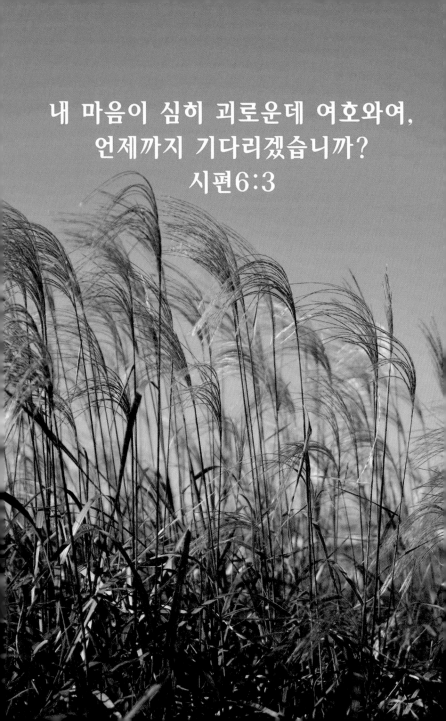

내 마음이 심히 괴로운데 여호와여,
언제까지 기다리겠습니까?
시편6:3

# 그 모습을 보는 나는 주저앉아 하나님께 애원했다.

'하나님!
제가 여기 있을 테니깐 아빠를 좀 살려주세요!'
'나는 예수님을 믿고,
예수님을 만났으니 어딜가나 천국이잖아요!
전 용광로도 예수님과 함께라면 견딜 수 있어요'

"내가 여기 있을 께요!
아빠를 살려주세요!
아빠를 살려주세요!
제가 잘못했습니다!
정말 잘못했습니다!
제가 대신 회개 할께요!
제발 아빠를 살려주세요!"

이 기도가 환상에서 멈추지 않고 현실의 기도가 되어
아빠를 위해서 평생 기도해야겠다고 다짐하게 되었다.
아빠를 위해서 기도를 하면 할수록
아빠가 너무나 불쌍해 보였다.
아빠가 살아 왔었던 삶과 등에 짊어져야 했던 삶의 무게들 …
어른이라는 감투 때문에 아빠는 말도 못하시고
얼마나 힘들었을까?
그리고 얼마나 아프셨을까?

아빠도 아픔을 가지고 계셨다는 것을 그때서야 알게 되었다.

# 개똥 약

아빠는 건설 공사장에서 미장을 전문적으로 하셨다.
그래서 어깨가 항상 아프셨다.
약을 먹어도 낫지 않고 병원에 가는 것이 한두 푼이 아니어서
특단의 조치를 취하셨다.
동네 개들이 싸 놓은 개똥을 외할머니가 주어 오셔서 숯불에 구워 주셨다.
아빠는 그것을 아무렇지도 않게 한약 재료들과 함께
오랜 시간 삶아서 약으로 드셨다.

어린 시절 나는 그렇게 드시는 아빠의 모습이 놀랍지 않았다.
모든 사람들이 그렇게 약을 만들어서 먹는 줄 알았다.
하지만 기도를 하면서 깨닫게 된 것은 아빠는 나와 형을 위해서
역겹고, 더럽고, 먹을 수 없는 이 개똥을 드셔야 했다는 것이었다.

비로소 알게 되었다. 아빠가 나를 사랑하지 않는 게 아니었다.
아빠는 사랑의 표현을 받아보신 적이 없으셨고
그 사랑을 표현할 방법을 모르고 계셨던 것이다.
'애들이 크면 알겠지 …'
'내 몸 희생해서 우리 아내와 아들들이 넉넉하고 행복할 수만 있다면
이 개똥이 문제일까'

나는 아빠를 통해서 정확하게 표현되지 않는 사랑이
많은 오해를 가져오고 아픔을 가져다준다는 것을 깨달았다.
우리가 사랑할 수 있는 날은 생각보다 짧다.
자녀들이 그 표현되지 않은 사랑을 빨리 깨우치면 좋겠지만 늦어질 수 있고
영영 아버지의 사랑을 이해하지 못하고 무덤까지 갈 수도 있다.

그러므로 사랑하자.

더 많이 사랑하자.
그리고 그 사랑을 표현하자.
표현된 사랑은 감춰진 사랑보다
더 큰 행복을 가져다준다.

# # 존경

아버지를 존경하는 마음과 사랑하는 마음을 전해 드리고 싶었지만
너무나 부끄럽고 떨려서 말을 할 수가 없었다.

스물 살 때 아빠랑 단 둘이 할머니 산소에 다녀올 일이 있었다.
집에 돌아가는 길에 용기를 내어 아버지의 오른손을 잡아드렸다.
그리고 떨리는 마음으로
'아빠, 사랑합니다. 그리고 존경합니다.
그리고 너무 너무 고맙습니다.' 라고 말했다.

아버지도 많이 당황하셔서 얼굴이 굳어지셨지만
얼굴이 빨개지면서 눈가가 촉촉해 지셨다.
아빠가 울먹이는 목소리로 말씀하셨다.

"내가 너에게 해 준 것이 없어서 미안하다."
"좋은 부모를 만났어야 했는 데 ... 미안하다."

첫 고백은 어색했지만 그 이후로 나는
여러번 아빠에게 존경하고 사랑한다는 말을 자연스럽게 할 수 있게 되었다.
아빠는 더 좋은 아빠가 되기 위해서 노력하셨고
우리 가족은 더 좋은 가족으로 변해갔다.

# 하나님은 우리 가족의 구원을 위해서

나를 이 가정에 보내주셨다고 믿는다.
그리고 하나님은 나와 같은 상처와 아픔으로
어려움을 겪고 있는 친구들을 위해서 이렇게 글을 쓰게 하셨다.
우리는 하나님이 필요하셔서 그 가정에 보내졌고
하나님이 필요하셔서 그 학교에 보내졌다.
하나님이 필요하셔서 그 환경에
나를 보내주신 것이라고 믿는다면
그 곳이 지옥처럼 느껴질지라도
하나님은 나를 통해 천국을 만드실 것이다.

# 필요에 대한 앎이란 ...

우리는 언제든 하나님의 필요의 의해서 쓰임 받을 수 있다.
19살 여름방학 때의 일이다.
교회에서 여름 성경학교 준비로 무척 바쁜 시간을 보내고 있었다.
그날은 점심도 굶으면서 저녁까지 일을 했었다.
일이 끝난 후 허기진 배를 움켜잡고 버스정류장으로 걸어가면서 기도했다.
평소에는 기도하지 않았는 데 그날은 이상하게도 기도하고 싶었다.
'하나님 어떤 버스를 탈까요?'
'1번 버스를 타서 만나야 하는 사람이 있다.' 라고
말씀하시는 것 같았다.
1번 버스를 타려면 400미터는 더 걸어가야 했다.
그러나 정류장에서는 2번과 3번과 112번의 버스를 타고 집에 갈 수가 있었다.
어찌되었든 하나님께서 말씀하셨다는 것을 믿고, 1번 버스를 타기 위해
뚜벅뚜벅 걸어갔다.
허기진 배는 더 이상 나의 몸을 견뎌낼 힘이 없게 했다.
1번 버스에 올라타고 많은 사람들을 비집고 버스 뒤쪽으로 갔다.
그런데 분위기가 이상했다.

## # 버스 맨 뒷자리에 앉아 있는 자매들이

"변태 xx" 하면서 욕을 하고 있다.
상황을 보니 버스 뒷바퀴 위에 앉아 있는 덩치 큰 아저씨가 맨 뒤에
짧은 바지를 입은 여자아이를 향해 자기 몸을 틀어서 집중적으로 보고
있었다.
버스 분위기가 굉장히 좋지 않았다.
목포역에 도착했을 때 다 내리고 나를 포함해 6명 정도의 승객들만
남아 있었다.
뒤에 앉아 있던 자매는 아저씨를 피해 운전기사의 뒷자리로 자리를 옮겼다.
그 순간 육중한 몸의 변태 아저씨도 잽싸게 자매의 뒷자리에 가서
앉는 것이었다. 이때 나는 알았다. 내가 왜 이 버스에 타야 했는지 …
하나님은 이 자매를 지켜줄 사람이 필요했다.
그 때 마침 내가 이 버스를 탈 수 있는 환경에 있었던 것이다.
그래서 버스 정류장 앞에서 기도를 하게 하셨고,
아주 선명하게 '1번 버스'를 타라고 말씀하셨던 것이다.
나는 다시 속으로 기도했다.

'하나님 제가 너무 허기지고 힘이 없습니다.
그리고 저 아저씨는 너무 큽니다.
저 자매를 지켜줄 수 있도록 힘과 지혜와 용기를 주시옵소서!'
그때, 변태 아저씨가 자매의 귀에다 속삭이기 시작했고
자매는 비명을 지르며 운전기사 아저씨에게 내려달라고 소리쳤다.

나는 이때다 싶어서 벌떡 일어나 변태 아저씨에게 다가가서
이렇게 말했다.
"아저씨! 이러시면 안되죠!"
아저씨는 나를 한 대 칠 기세로 "니가 뭔데 지랄이야! 니가 남자
친구나 되냐?"
나는 계속해서 "나이드신 분이 뭐하시는 겁니까? 창피한 줄 아십시오!"
그 순간 감사하게도 뒷문이 열렸다 .
나는 자매의 팔을 붙잡고 버스 뒷문으로 뛰어내려서 달리기 시작했다.
뒤를 돌아봤더니 버스 뒷문이 닫히고 변태 아저씨가 뒷문을 열어달라고
운전기사에게 난리를 피우는 모습이 들어왔다.
그래서 우리는 더 열심히 달렸다. 어느 정도 사람들이 많은 곳에 도착
했고 그 자매는 공중전화로 삼촌에게 전화를 하고 삼촌을 기다렸다.
나는 조심스럽게 상황들을 물어보았다.
삼촌 집에 놀러 가는 길이었고, 버스 안에서 변태 아저씨가 쳐다
볼 때마다 하나님께 도와 달라고 간절히 기도했다고 한다.
자매의 기도가 응답된 것이다.
그리고 나는 너무나 자연스럽게 하나님의 필요에 쓰임받은 것이다.
이런 이야기를 하면 '그 자매님이 이뻤냐?' '연락처는 받았냐?'
'데이트는 했냐?' 라고 물어보시는 분들이 많다.
물론 그 자매가 나의 연락처를 물어봤다.
나중에 감사의 인사를 하고 싶다고 했지만 나는 거절했다.
나는 해야 할 일을 했을 뿐이었다.

헤어진 후 나는 버스비가 없다는 것을 알았다.
버스비는 없는 데 허기진 배는 밥을 달라고 요동을 쳤다.
영웅의 모습은 초라했다. 하지만 누군가의 간절한 도움의 손길이 되었다는
것에 감사하며 터벅터벅 집으로 걸어갔다.

# 공황장애

20대 초반.
군 복무 중에 공황장애가 왔다.
매우 충격적인 공포였다.
극심한 두려움으로 온 몸이 떨렸고

심장은 가슴팍을 뚫고 나올 정도로 요동쳤다.
두려움의 대상이 없는 데 두려움에 떨었다.
나는 내 마음을 통제할 수가 없었고
극심한 공포가 나를 사로잡았다.
마치 피의 굶주린 악마가 나를 해치기 위해
내 뒤를 쫓아오는 듯한 두려움이었다.
그러나 두려움은 있지만 두려움의 대상은 없었다.
그것이 나를 더 미치게 만들었다.

# 두려움이 더 큰 두려움을 가지고 왔다.

이유를 알 수가 없었다.
평범한 사람에게는 상상할 수 없는 두려움이다.
나는 내가 귀신들린 줄 알았다.
아무리 나의 죄를 찾아보고
하나님 앞에서 나의 실수를 찾아보았지만
나의 생각의 끝은 무혐의가 결론이었다.
그래서 더 열심히 기도했고
더 열심히 예배를 드렸지만 더 나아지지는 않았다.
일상적인 생활을 할 수 없었지만 이를 악물고 살았다.


# 정신과를 찾아가 봤다.

의사도 어떻게 해야 그 두려움에서 벗어날 수 있는지 모른다고 말했다.
자신은 '신경안정제를 처방하는 것 밖에 없다.' 라고 말하면서 약이 떨어
지면 다시 오란다.
'이런 젠장!'
그 날 밤 약봉지를 앞에 두고 몇 시간을 고민했다.
나는 약에 중독되면 헤어 나올 수가 없을 것 같아서 결정해야만 했다.
약을 먹지 않고 하나님이 날 살려주실 때까지 버틸지,
아니면 죽든지 아니면 약에 중독되든지 ...

# 매일 밤

온 몸에 식은땀이 나고
동공은 확장되고
심장은 가슴팍을 뚫고 나갈 것 같은 두려움이 엄습했다.
나는 이렇게 매일 밤마다 죽음을 마주했다.


# 하루하루

견디기 힘든 날들을 보내면서
두려움에 대한 걱정이 없는 평범한 일상이
얼마나 행복한 삶인지를 알게 되었다.
평범한 삶과 평범한 날들은
하나님이 주신 경이로운 선물이다.

# 모든 사물과 모든 자연에 감사하기 시작했다.

길거리를 걸으며 눈에 보이는 모든 것에 감사했다.
지금의 고통스러운 공황장애와
과거에 있었던 모든 상처와
불안하고 초조 했었던 일들과
사소하게 생각했던 모든 일에 감사했다.


# 두려움이 가득한 고통스러운 밤에도

"감사합니다."
가슴이 핸드폰 진동처럼 요동치는 밤에도
잠들기 직전까지
"감사합니다."

난 감사하지 않았던
배은망덕한 내 삶을 새롭게 했다.

그리고 2년의 지옥 같은 공황장애의 삶에서 벗어났다.

# 창 1:2

땅이 혼돈하고 공허하며
흑암이 깊음 위에 있고
하나님의 영은 수면 위에
운행하시니라.

혼돈스러운 인생
공허한 삶
너무나 캄캄한 미래
이게 나의 현실이었다.

# # 라하프 : 새가 알을 품다.

하나님의 영은 지구 위를 라하프 ( 운행 ) 하셨다.
혼돈과 공허와 흑암이

가득한 볼품없는 지구를
하나님은 품고 계셨다.

지금
혼돈과 공허와 흑암으로

가득한 볼품없는 나를
하나님은 품고 계신다.

# 일요일 아침

나와 아내는 바쁘게 교회에 갈 준비를 하고 있었다.
2살이었던 나의 딸을 씻기고 난 후에
기저귀를 채우지 않고 거실에 뒀다.
몇 분 후에 나의 딸이 아빠를 부르며 내게 달려와 안겼다.
너무나 사랑스러웠다.
아빠로서 누릴 수 있는 가장 큰 행복이었다.

그러나 품에 안은 내 딸에게서 이상한 냄새가 났다.
바로 똥 냄새다.
딸은 거실 카페트에 똥을 싸 놓고
그 똥을 발로 밟고 손으로 비비고 자신의 옷에 닦았다.
그리고 그대로 내 품에 안겨 내게 도움을 구했던 것이다.
깨끗하게 차려입은 내 옷은 똥으로 더럽혀 졌다.

# 내 새끼

"허허허"
나는 웃고만 있었다.
나는 딸에게 말했다.
"괜찮아. 아빠가 해결할 수 있어"
내게 똥 칠한 딸을 혼 낼 이유가 없었다.
내게 똥 칠한 딸이 창피하지도 않다.
내게 똥 칠한 딸이 더럽다고 생각하지도 않았다.

난 내 딸을 깨끗이 씻겨서
깨끗한 옷을 입혀줬다.
그리고 더 이상 똥에 대해서 말하지 않았다.
나는 내 새끼의 똥을
언제든 씻겨 줄 준비가 되어 있다.

# 똥 칠을 하는 건

2살 먹은 아기들만 하는 것이 아니다.
우리도 똥 칠하며 살아가고
똥을 묻혀가며 살아간다.
많은 실수와 많은 실패로
똥 통에 빠진 것 같은 삶이지만

그럼에도 불구하고
우리 하나님 아버지는 그 모습 그대로를
받아 주시고 안아 주신다.
지금도 하나님은 똥냄새 나는 우리를 기다리고 계신다.
그리고 우리를 깨끗하게 씻겨 주시고
새 옷을 입혀주실 준비를 하고 계신다.

# 우리의 똥 통

욕
술
담배
야동
성관계
성폭행
낙태
동성애
폭언
폭력
갈취
따돌림
도둑질
게임중독
휴대폰중독
TV 중독

...

# # 새로운 삶을 원한다면 이렇게 기도하자.

우리가 기도할 때 하나님은 예수님의 거룩하신 피로 씻어주시고
그리스도의 새 옷을 입혀 주신다.
이 길만이 우리가 똥 통에서 빠져 나올 수 있는 유일한 길이다.


하나님!
저는 실패했습니다.
하나님!
저는 실수했습니다.
하나님!
저는 다시 일어날 수 있는 힘이 없습니다.
하나님!
저는 냄새 나는 삶을 살고 있습니다.
하나님!
저는 삶이라는 똥 통에 빠졌습니다.
하나님!
저를 도와주세요!
하나님!
저를 살려주세요!

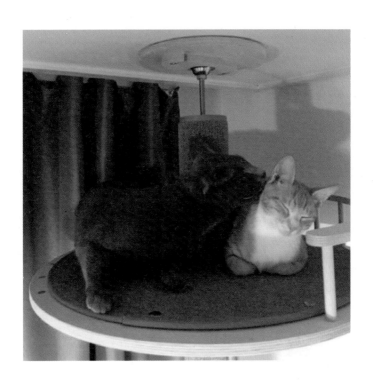

# # 땅에 있는 자를 아버지라 하지 말라.
너희의 아버지는 한 분이시니 곧 하늘에 계신 이시니라. (마태복음 23:9)

네가 고통의 눈물을 한 방울씩 땅에 떨어뜨릴 때마다
예수님의 손에 박힌 못은 더 깊숙이 들어가고 예수님은 더 고통스러워해.
이유는 너의 눈물이 예수님의 손에 박힌 못과 같아서
너의 고통을 함께 아파하시는 거야.

너를 너무나 사랑하시고 너를 너무나 좋아하시기 때문에
하늘 보좌에 앉아서 구경만 하고 있을 수가 없었어.
그래서 지금 여기에 너를 안아주시려고 오신거야.
우리는 그 품 안으로 안기면 돼.
어색하겠지만 진실하게 고백해 보자.
'전 하나님이 필요해요.'
'하나님, 저 너무 힘들어요.'
'하나님, 저를 좀 도와주세요.'
'저도 사랑받고 싶어요.'
'하나님, 저도 안아주세요.'
'그리고 아버지의 품이 그리워요 ...'

# 돈을 사랑하지 말고 있는 바를 족한 줄로 알라

그가 친히 말씀하시기를
내가 결코 너희를 버리지 아니하고
너희를 떠나지 아니하리라 하셨느니라.
( 히브리서 13:5 )

# 하나님은 우리를 결코 버리지 않는다.

하나님 아버지는 우리를 결코 떠나지 않는다.

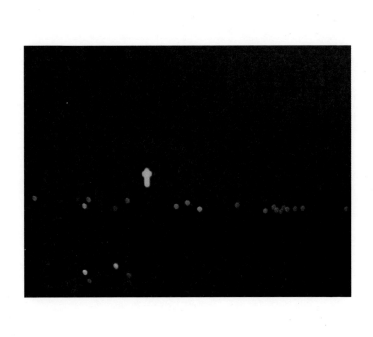

# # 나는 청소년 시기에 교회를 통해서

따뜻한 사랑과 순수한 믿음과 우정을 배웠고
교회를 구성하는 사람들의 도움을 통해서 행복을 알게 되었다.

교회는 행복의 씨앗을 심는 곳이고
교회는 행복의 씨앗이 잘 자라도록 영양분을 듬뿍 주는 곳이고
교회는 잘난 씨앗이나 못난 씨앗이나 함께 사랑받으며 자라는 곳이다.
교회는 그렇게 행복이 자라나
행복의 꽃이 피어나는 곳이다.

# 나의 믿음의 우정 친구들 ( 청소년 시기 교회 친구들 )

정성하, 박경모, 진영오, 박창현, 박지현, 김설희, 김광순, 김정희,
박지수, 김진희, 허희선, 한아름, 장미, 한선미, 조성미 ...
정성인, 박현욱, 진영주, 김민성, 김윤경, 최명진, 정 미, 황승재,
김승훈, 민홍지, 최진우, 진영기, 그리고 박용갑 목사님 !!
믿음의 친구들이 있어서 행복했고
믿음의 친구들을 생각하면 행복해서 웃음이 나오고,
지금 그 행복으로 믿음의 친구들을 추억하며 살고 있다 .

# 좋은 교회는 좋은 만남과 좋은 삶을 가져다준다.

하나님이 그 곳에 계시고
하나님이 그 곳에 복을 주시기 때문이다 .

# 믿음의 어머니 노영환 선생님.

교회에서 믿음의 어머니를 만났다.
온유하신 성품으로
고슴도치의 가시와 같은 나를
아들과 같이 품고 기도해주시고 많은 필요들을 채워 주셨다.
'예수님의 사랑이 이런 것이다.' 라고 가르쳐 주셨고
가장 큰 감사는 묵상하는 삶을 가르쳐 주셨다.
'이세상에 하나님의 천사가 있다면 바로 당신입니다.' 라고 전해 드리고 싶다.
"정말 정말 감사합니다. 어머니"

# # 초대

친구야!
널 우리의 가족으로 초대하고 싶어.
우리도 너처럼 부족함이 많고
냄새나는 사람들이지만
우리가 믿는 것은
우리가 예수님의 사랑으로
지금보다 더 나은 사람이 되고
지금보다 더 나은 가족이 될 것을 믿어.

너의 아픔을 함께 나누고 싶고
네가 혼자가 아니라는 것을 느끼게 해주고 싶어.

그리고 네가 얼마나 특별하고 소중한 존재인지 알려주고 싶어.
우리와 함께 하지 않을래?

# 지금, 나는

선한교육의 기독 선생님들과 함께 겨울에는 청소년 힐링 캠프를 진행하고 여름에는 청소년 예배 축제(Teens Worship Festival)를 진행하고 있다.

청소년들과 대화하고 그들의 아픔을 동감하고 함께 아파할 수 있는 지금의 내 모습은 하나님이 내게 주신 커다란 축복이라고 생각한다. 아파본 사람이 아픈 사람의 마음을 이해할 수 있고 도울 수 있다. 나는 고통과 아픔을 통해서 하나님을 알았고 연약한 나를 알게 되었으며 나와 같이 거절감으로 아파하는 사람들을 안아 줄 수 있고 도와 줄 수 있게 되었다. 앞으로도 하나님의 사랑과 눈물로 청소년들과 청년들의 마음을 위로하고 보듬어 줄 수 있는 그런 어른이 되고 싶다.

# 스쿨처치

우리는 하나님의 성전이고 교회이다.
우리가 머물고 있는 곳이 교회가 될 수 있다.
우리가 머물고 있는 학교에 청소년들이 주도적으로 교회를 세우길 원한다.
그래서 아프고 상처 받은 친구들이 스쿨처치를 통해서 예수님의 복음을 듣고 위로를 받고 회복되길 원한다.
지금 나는 함평학다리 고등학교에서 스쿨처치를 돕고 있다.
더 많은 학교에서 스쿨처치가 일어나길 소망하고 많은 선생님들이 스쿨처치에 동참하길 원하며 기도하고 있다.

# 마지막 말 ...

감사의 마음을 전합니다.

존경하고 사랑하는
나의 아버지 최해용님과 나의 어머니 박영심님에게
누구보다도 당신들은 훌륭하고 위대한 부모님이신 것을
말씀 드리고 싶습니다.
저를 우주 최고 꽃미남으로 생각해 주시는
나의 어머니! 박영심님!
제가 꿈을 꾸고 도전 할 수 있도록 문을 열어주신
나의 아버지! 최해용님!
진심으로 두 분의 살아오신 삶을 존경하고 사랑합니다.


# 또한 나의 못생김과 연약함을

기도와 사랑과 자비로 품어 주는
예수님과 같은 나의 아내 채송화에게 감사의 마음을 전합니다.
그대가 있어서 나는 성장하고 있고
그대가 있어서 나는 가장 행복한 사람입니다.
나와 언약이와 라언이를 위해서 행복한 잠을 포기해 가며
애써 줘서 너무나 감사합니다.
천국에 보상이 있다면
그것은 바로 그대를 위한 것입니다.

정성하님의 '마아
조성미님의 '별이'
김정희님의 '랑이'
정성하님의 '라옹이'
김정희님의 '둥이'